Género Ficción

I0800824

Pregunta esencial

¿Qué nos gusta de los animales?

La magia de los colores

Diego Kochmann

ilustrado por Milena Vargas

Capítulo 1
Julia

A Julia le divierte jugar con sus amigos. Pero también le gusta ir a la escuela. Le encanta aprender todo sobre los animales. Ella siempre dice:

—¡Cuando sea grande seré veterinaria!

Julia y su mamá almuerzan todos los jueves en la casa de su abuela. Mientras comen el postre, la niña le pregunta:

—¿Cuál es el animal que más te gusta?

—Todos los animales son hermosos —le contesta la abuela sonriendo.

La abuela le cuenta que de niña vivió con sus padres en Brasil. Ella vivía en un pueblo cerca de una selva con árboles muy altos. Allí vivían muchos animales.

De noche, a la abuela le encantaba escuchar cómo cantaban los grillos y las ranas.

Julia la escucha con atención. No quiere que se detenga en su relato. Entonces, la abuela le cuenta sobre sus animales preferidos.

—Las mariposas tropicales son hermosas. Cuando era pequeña, me pasaba horas observándolas. Sus alas tienen los colores más bellos del mundo. ¡Qué maravilla!

Capítulo 2

Las mariposas

La niña no quiere regresar a su casa. Prefiere quedarse con su abuela y seguir escuchando sobre las mariposas. Más aún cuando le cuenta cómo son.

La abuela le habla sobre los fantásticos colores y dibujos de las alas de las mariposas. Hay violetas, verdes, rojas, amarillas y azules. Luego, la abuela le pregunta a Julia si desea ver fotografías.

—¡Claro que sí! —responde Julia entusiasmada.

Julia se maravilla al ver las fotografías. Cada una es más linda que la anterior. Se pregunta a quién se le habrán ocurrido dibujos tan creativos.

La abuela le comenta que las mariposas cuando nacen son gusanitos. Estos gusanitos se alimentan de las hojas de los árboles. Después de un tiempo, ¡se transforman en mariposas!

Detective del lenguaje	La oración subrayada, ¿tiene un artículo indefinido? ¿Cuál es?

Julia quiere saber todo sobre estos bellos animales. En las fotos, siempre aparecen cerca de las flores. Por eso le pregunta a la abuela si viven dentro de ellas.

—No, querida. Las mariposas se acercan a las flores para buscar alimento. En las flores hay un líquido muy dulce. Y a las mariposas les encanta.

La abuela le cuenta a Julia cómo eran las tardes en su pueblo.

—En las tardes, de pronto aparecían cientos de mariposas. ¡Y en un instante llenaban el aire de colores! Parecía como si las mariposas dibujaran líneas brillantes con un pincel de colores. Es difícil expresar con palabras ese momento tan mágico.

Capítulo 3

En el parque

El sábado por la mañana, la abuela oye golpear la puerta. Le extraña que alguien la visite tan temprano. Es Julia, que llega junto a su papá. Julia quiere pasar todo el día con su abuela. ¡Está tan contenta!

Cuando su papá se va, Julia le pide a su abuela que la lleve al parque. ¡Julia quiere ver mariposas!

En el parque no hay demasiadas mariposas. Algunas pocas revolotean sobre unas flores. Pero sus colores no son tan llamativos como los de las fotografías. Además, son más pequeñas.

La niña corre por todo el parque para encontrar nuevas mariposas. Ya cansada, se sienta en un banco junto a su abuela.

Detective del lenguaje	¿Qué artículo definido le corresponde a mariposas?

La abuela le explica que en la ciudad hay pocas mariposas. A ellas no les gusta el humo de los autos ni de las fábricas.

—Por eso, mi lugar preferido es la selva. Allí hay gran cantidad de flores y vegetación. El aire es limpio y las mariposas pueden vivir mejor —dice la abuela.

De pronto, una hermosa mariposa pasa volando delante de ellas. Es amarilla, con lunares verdes. Julia se emociona al verla y sale corriendo detrás de ella. Desea atraparla para observarla de cerca.

La mariposa se posa sobre una rosa. La niña se acerca con cuidado. Pero, cuando estira su mano para atraparla, escucha la voz de su abuela.

—¡No lo hagas, Julia!

La abuela se acerca a su nieta y le explica que las personas deben comportarse bien con los animales. Los animales deben ser libres, al igual que las personas.

Julia comprende lo que dice su abuela y se aleja de la flor. Luego, observa cómo la mariposa levanta vuelo. Se alegra mucho por ello y mira cómo se aleja.

Julia y su abuela regresan tomadas de la mano. La abuela le dice que las mariposas son importantes en una ciudad.

—Su hermoso colorido y sus alegres revoloteos embellecen las calles y los parques. Le dan un toque de magia a la ciudad —explica la abuela.

—¡Qué bueno sería si hubiese menos humo y muchas más mariposas aquí! —responde Julia entusiasmada.

Respuesta a la lectura

Resumir

Usa detalles del cuento para resumir *La magia de los colores.*

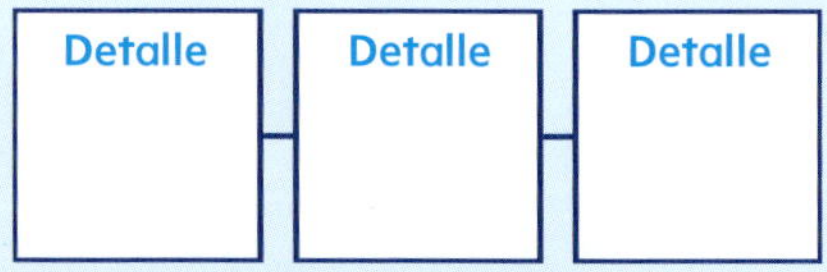

Evidencia en el texto

1. ¿Cómo sabes que *La magia de los colores es* de ficción? **Género**
2. Usa detalles de la página 4 para describir el lugar donde vivía la abuela cuando era niña. **Detalles clave**
3. Usa las claves de contexto para definir *banco* en la página 11. **Significados múltiples**
4. Usa detalles para escribir sobre lo que aprendió Julia. **Escribir sobre la lectura**

Género **Poesía**

Compara los textos

Lee sobre una pastorcita que no encuentra a sus ovejas.

Pastorcita

(fragmento)

Rafael Pombo

Pastorcita perdió sus ovejas
¡y quién sabe por dónde andarán!
—No te enfades, que oyeron tus quejas
y ellas mismas bien pronto vendrán.
Y no vendrán solas, que traerán sus colas,
y ovejas y colas gran fiesta darán.

Pastorcita se queda dormida
y soñando las oye balar.

¡Ay mis ovejitas! ¡pobres raboncitas!
¿Dónde están mis colas? ¿no las veré más?

Secándose al viento, dos, tres, hasta ciento,
¡allí unas tras otra colgadas las vio!

Dio un suspiro y un golpe en la frente,
y ensayó cuanto pudo inventar.
Buscó la colita de cada ovejita
y al verlas como antes se puso a bailar.

Haz conexiones

¿Qué le gusta a la pastorcita de sus ovejas? **Pregunta esencial**

¿En qué se parecen la abuela de Julia y la pastorcita? **El texto y otros textos**

Enfoque:

Elementos literarios

Ritmo Los poemas tienen ritmo. El ritmo es el modo en que aparecen los acentos en un poema.

Lee y descubre En estos versos de *Pastorcita,* las sílabas acentuadas están resaltadas.

Pastor**ci**ta se **que**da dor**mi**da,
Y so**ñan**do las **o**ye ba**lar**.

Lee el resto del poema en voz alta y busca otras sílabas acentuadas.

Tu turno

Escribe un poema breve de cuatro versos. Tu poema puede tener rima o no. Léelo en voz alta varias veces. Busca las sílabas acentuadas y subráyalas.